AF363860

UNE CHÂSSE

DE

LA CATHÉDRALE D'ASTORGA

PROVINCE DE LÉON (ESPAGNE)

COMMUNICATION

FAITE AU IXe CONGRÈS RUSSE D'ARCHÉOLOGIE

TENU A VILNA

(1893)

PAR

LE BARON DE BAYE

MEMBRE DE LA SOCIÉTÉ NATIONALE DES ANTIQUAIRES DE FRANCE
CORRESPONDANT DU MINISTÈRE DE L'INSTRUCTION PUBLIQUE

PARIS

LIBRAIRIE NILSSON

338, RUE SAINT-HONORÉ, 338

1894

UNE CHÂSSE

DE

LA CATHÉDRALE D'ASTORGA

PROVINCE DE LÉON (ESPAGNE)

COMMUNICATION

FAITE AU IXe CONGRÈS RUSSE D'ARCHÉOLOGIE

TENU A VILNA

(1893)

PAR

LE BARON DE BAYE

MEMBRE DE LA SOCIÉTÉ NATIONALE DES ANTIQUAIRES DE FRANCE
CORRESPONDANT DU MINISTÈRE DE L'INSTRUCTION PUBLIQUE

PARIS

LIBRAIRIE NILSSON

338, RUE SAINT-HONORÉ, 338

1894

UNE CHÂSSE

DE

LA CATHÉDRALE D'ASTORGA [1]

Astorga (*Asturica Augusta, Asturea, Asturgia*[2]) est une ville du nord de l'Espagne, voisine des Pyrénées Cantabriques, qui appartenait en 560 au royaume des Suèves. En effet, Théodoric II prit en 456 au roi des Suèves Richiaire, après la victoire d'Astorga, une grande partie de l'Espagne[3]. Comme on le voit, cette ville joua un grand rôle dans la lutte qui s'était engagée entre les Suèves et les Wisigoths. Néanmoins, Astorga devait rester encore au pouvoir des Suèves, qui, commandés par Hermanrich, possédaient en Galice un royaume réduit en 456 aux étroites limites du Douro et de l'Océan. Cette petite monarchie prolongea son existence obscure jusqu'en 585, date à laquelle le roi des Wisigoths la réunit à son royaume. Mais les Cantabres ne reconnurent l'autorité des conquérants gothiques que sous le règne de Suinthila[4]. Son contemporain Isidore de Séville dit formellement qu'il fut le premier prince goth ayant assujetti tout le continent hispanique à sa domination : *Totius Spaniae, intra Oceani fretum, monarchiam regni primus potitus quod nulli retro principium est conlatum*[5].

1. Ce mémoire a été lu le 17 août, pendant le neuvième Congrès russe d'archéologie tenu à Vilna, du 14 au 27 août 1893.

2. ASTORICA sur les monnaies de Suinthila ; ASTVRIE sur celles de Chindasuinthe.

3. Jordanes, *Histoire des Goths*, XIV, *in fine*. — Euric, successeur de Théodoric, soumet toute l'Espagne (462-467), excepté la Galice, occupée par les Suèves.

4. 621-631.

5. *Isidori chronicon* (era aogusti sexcentesima quinquagesima nona). — Hugo Grotius; *Historia Gothorum. Prolegomena*, p. 50.

Nous savons que l'orfèvrerie d'or à incrustations de pierreries cloisonnées a été importée en Espagne par les Wisigoths et qu'elle y a été en honneur pendant deux siècles et demi (456-711). Les couronnes votives trouvées aux environs de Tolède en sont la preuve. Parmi celles que nous possédons à Paris [1], il en existe une qui se trouve datée par son inscription, portant le nom de Reccesvinthus [2]. L'Armeria Real de Madrid conserve les autres couronnes analogues, parmi lesquelles celle du roi Suinthila [3], que nous venons de nommer comme ayant réuni Astorga et le reste de la Galice sous son sceptre. Toutes ces couronnes appartiennent donc au VIIe siècle. Nous n'avons pas ici le temps de décrire ni de parler en général des vestiges d'un art qui n'est pas latino-byzantin, comme l'a victorieusement prouvé le comte F. de Lasteyrie [4], mais dont les premières manifestations doivent être recherchées, comme je l'ai déjà dit, dans votre pays, Messieurs, qui est l'Orient pour nous. C'est à l'Asie, qui est l'Orient pour vous, qu'appartiennent sans aucun doute les éléments constitutifs de cet art. Mon but n'est pas de vous entretenir aujourd'hui des débuts en Europe de l'orfèvrerie d'or pavée de grenats ni de sa genèse asiatique, mais de vous faire connaître une de ses dernières productions, révélant sa durée en Espagne après la chute du royaume des Wisigoths.

Ce préambule est destiné à vous conduire d'abord par la pensée en un pays occidental et de vous y montrer ensuite le goût de la bijouterie orientale des Goths florissante pendant le règne des Wisigoths en Espagne [5]; cette période commence à l'an 526, époque de la mort de Théodoric le Grand et de la proclamation d'Amalaric comme roi par les Wisigoths d'Espagne.

1. Musée de Cluny.

2. Reccesvinthus régna de 649 à 672. L'inscription de la couronne porte ces mots : RECCESVINTHVS REX OFFERET.

3. Suinthila régna de 621 à 631.

4. F. de Lasteyrie, *Description du trésor de Guarrazar.* Paris, 1860. — *Histoire de l'orfèvrerie,* 2e édition, p. 72. Paris, 1877.

5. Le règne des Wisigoths en Espagne dura de 526 à 711.

Maintenant, je désire vous faire connaître un exemple prouvant que cette technique caractéristique, que cette mode de décorer le métal avec des tables de pierre ou de verre cloisonnées, avait jeté dans le nord de l'Espagne, pendant son occupation par les Wisigoths, de si profondes racines que le Xᵉ siècle à son début ne l'avait encore point vue périr.

Le souvenir des Goths ne se traduisait pas seulement par la survivance de procédés industriels et de notions artistiques, mais encore par des traditions et même par l'alphabet[1]. On sait que les chrétiens d'Espagne, qui échappèrent au joug des infidèles, se vantaient d'être Goths, et qu'il est resté longtemps un préjugé de noblesse dans cette partie septentrionale de l'Espagne, comme tenant davantage, et avec moins de mélange, au sang de *los Godos*[2].

En 711, les conquérants arabes marchent sur Tolède pour prévenir l'élection d'un nouveau roi et se rendent maîtres de cette capitale. Dès lors, la puissance des Wisigoths fut ébranlée, leurs trésors furent confiés à la terre. C'est ainsi que s'explique l'enfouissement des couronnes dont nous parlions tout à l'heure. Avec la fondation d'Oviédo (761), l'Espagne chrétienne devait commencer sa grandeur. Aux VIIIᵉ et IXᵉ siècles, tout le nord-est de l'Espagne formait le royaume d'Oviédo.

Alphonse III, dit le Grand, roi des Asturies, succéda en 866 à Ordogno son père[3]. Ce

---

1. « Litterae quin etiam in Hispania Gothicæ in publicis, sacris, privatis mansere ad tempora Ferdinandi primi Ferdinandorum, qui Legionis et Castellæ rex fuit, tales quales Wulfhila episcopus, Valentis temporibus, Gothis tradiderat. » Hugo Grotius; *Hist. Gothorum*, p. 52.

2. D'Anville, *États formés en Europe après la chute de l'empire romain en Occident*, p. 164. Paris, 1771. — « Neque vero postquam in Hispaniam irrupere Sarraceni periit ibi omne Gothicum nomen, cum eo sanguine se ortum nunc etiam quod potissimum est per Hispaniam nobilitatis prædicet, testimonium origini nominibus quoque præbentibus, sunt enim gothica nomina Ferdinandi, Frederici, Roderici, Hermanni aliaque id genus. » Hugo Grotius; *Hist. Gothorum*, p. 52.

3. Le roi Ordogno (Ordoño) avait rétabli la ville d'Astorga, dépeuplée par Alfonse le Catholique. Ce dernier était gendre de Pélage et tirait son origine des rois Leùvigilde et Récarede.

Alfonse III avait régné en Galice du vivant de son père; il en a été de même de plusieurs autres princes avant et après lui, qui ont porté le nom de roi dans la même province, avant que d'occuper le trône dans les Asturies et dans le Léon.

règne fut célèbre par les nombreuses victoires remportées sur les Maures[1], par l'adjonction du royaume de Léon et de quelques autres provinces qu'Alphonse réunit à ses États.

Ce monarque fit don à la cathédrale d'Astorga d'un reliquaire dont j'ai l'honneur de vous présenter des photographies[2] (pl. I, II et III). Ce coffret[3], composé d'une âme en bois, recouverte de feuilles d'argent doré, porte sur son couvercle l'inscription suivante :

✝ ADEFONSVS · REX.

✝ SCEMENA REGINA.

Les lettres sont faites au repoussé ; la forme carrée du C et du G est caractéristique de la paléographie de la fin du IXe siècle.

Un parchemin, beaucoup moins ancien que le récipient en question, s'y trouvait renfermé avec des reliques. Il porte ces quelques mots : *S. S. Mȳs Diodoro y Deodato, Regalo de Alphonso III el magno y Exemena, Reyes de Leon ano 866 à 910.* C'est en 910 qu'Alphonse, vaincu par son propre fils Garcie, se vit obligé d'abdiquer en faveur de ce prince. Il mourut en 912 ; la reine Chimène lui survécut peu de temps, et ils furent l'un et l'autre enterrés à Astorga[4]. La date du reliquaire est donc parfaitement établie, il appartient à la fin du IXe ou aux premières années du Xe siècle[5].

Si nous examinons l'ensemble de cet objet d'art, nous serons frappé de son caractère barbare. La décoration en argent repoussé dénote l'impuissance à reproduire des person-

---

1. Alphonse étendit progressivement sa domination, et Coimbra, dont les Maures voulaient s'assurer la possession, leur fut enlevée. Une armée arabe sortie de Cordoue et menaçant Léon et Astorga fut battue près du fleuve Urbictus ou Orbego. Ce qu'on appelle aujourd'hui *Tierra de Campos*, sur les deux rives du Douro, est appelé dans les anciens écrivains *Campi Gothorum*.

2. Je dois ces photographies à l'obligeance de M. Aureliano de Beruete, membre du Jury de l'Exposition historique réunie à Madrid, en 1892, à l'occasion du IVe centenaire de la découverte de l'Amérique.

3. Ce coffret mesure 0^m30 de large sur 0^m17 de hauteur. Il est simplement mentionné dans *Bosquejo de la Exposición Histórico-Europea*, p. 27, n° 52 du catalogue, Madrid, 1892 ; et par le marquis de Fayolle, dans son *Coup d'œil sur l'Exposition rétrospective de Madrid*, publié dans le *Bulletin monumental*, 1893, n° 3, p. 207.

4. P. F. Henrique Florez, *Memorias de las Reynes catholicas*, tercera edición, t. I, p. 79. Madrid, 1740.

5. Le coffret d'Astorga est aussi mentionné dans l'ouvrage suivant : *Viage de Ambrosio de Morales, etc. Dale a luz le Rmo Henrique Florez*, p. 175. Madrid, 1765.

nages et des animaux; elle est de mauvais style. Mais le reste, ou plutôt le complément de cette décoration, mérite une attention spéciale; il se compose de parties en relief soudées sur le fond, recouvertes de pierres ou de verroteries en tables disposées dans des cloisons où le rouge grenat se marie au bleu et au vert olive. Cette technique est, en quelque sorte, la caractéristique de cette châsse, car elle ne se retrouve que dans les pays où les Barbares ont pénétré. Après avoir brillé d'un grand éclat sous la domination wisigothique, elle demeure après elle comme une survivance de son goût national. En effet, rien ne devait se substituer aux notions artistiques originales qui étaient propres aux Barbares avant que leurs successeurs sur le sol de l'Espagne soient entrés dans une nouvelle voie.

La partie supérieure du coffret forme une pyramide tronquée et se compose de cinq compartiments, dont quatre fortement inclinés, et le cinquième, placé horizontalement, forme le sommet du couvercle (pl. II). C'est ici que se trouvent, comme nous l'avons déjà dit, les noms des donataires, séparés par l'Agneau divin debout; la tête, sans nimbe[1], est retournée vers la croix grecque montée sur une hampe. Nous devons remarquer combien la plastique de cette représentation est défectueuse et l'allongement du corps disproportionné. Cette figure prophétique du Messie est accompagnée des mots : AGNVS DEI.

En 692, sous l'empereur Justinien II, le concile de Constantinople décréta que le Sauveur serait représenté sous la forme humaine, plus convenable que celle d'un agneau. Mais, plus tard, le Christ fut figuré de nouveau sous sa forme symbolique, témoin les mosaïques commandées par le pape Pascal Ier (817-824) pour les églises de Sainte-Praxède et de Sainte-Cécile. Nous voici donc au IXe siècle, presque à l'époque où a été fait le reliquaire d'Astorga.

Le pan de derrière du couvercle est dépourvu de sa garniture métallique ancienne à laquelle a été substitué un cartouche du XVIIIe siècle, portant les noms des saints martyrs Diodoro et Deodato. Jadis cette place était certainement occupée par les noms et les emblèmes des évangélistes Marc et Mathieu.

---

1. L'absence du nimbe sur la tête de l'agneau divin est un caractère généralement ancien.

Le pan incliné du couvercle qui correspond à la face du coffret a conservé sa garniture primitive, représentant le bœuf accompagné du mot LVCAS et l'aigle avec IOHAN. Cet aigle a l'aspect d'une colombe; le corps, couvert de plumes en forme d'écailles, se termine par une queue de poisson. Des ailes, ressemblant à des palmes, s'échappent du cou du bœuf et de l'aigle pour remplir le vide qui reste entre ces animaux et les inscriptions. Les pans de droite et de gauche sont occupés par des figures d'anges, dont les ailes éployées sont démesurément grandes, proportionnellement à la dimension du corps. A gauche, on lit ANGELVS, et, à droite, GABRIEL.

La face et les deux côtés verticaux du coffre sont garnis de la même façon. Dans le sens de la longueur, ils sont divisés en deux étages d'égale hauteur, séparés par l'ouverture, portant chacun douze arcatures en plein cintre (pl. I). La rangée supérieure fait corps avec le couvercle. L'entrée de la serrure a été rajoutée à une époque moderne[1]. La décoration de cette devanture et de ces côtés se compose de deux bandes en feuille d'argent, ornées au repoussé. En haut, nous voyons répétées, alternativement et disposées horizontalement, les empreintes de deux coins différents, formant six sujets séparés empruntés à une ornementation végétale très grossière. Dans la rangée inférieure, six anges non moins grossiers se succèdent à intervalles égaux; ils sont obtenus de la même manière. Tous ont une main élevée et dirigée du côté de la partie médiane. L'imperfection de la plastique se remarque bien plus ici, et la laideur des personnages rappelle singulièrement certains types monétaires du XIe siècle.

---

1. Elle a été sans doute ajoutée à la même époque que le cartouche placé sur le côté du couvercle privé de son revêtement primitif.

Chacun des sujets précédemment décrits, estampés sur les deux bandes situées au-dessus et au-dessous de l'ouverture, est encadré dans des arcatures en relief soudées sur la plaque du fond. Ces arcatures en plein cintre et les pilastres qui les supportent sont formés par deux gros fils d'argent simulant un perlé et profilant cette décoration architectonique. Entre ces deux rangs de filigranes se trouvent, soudés comme eux, des cloisonnages formant divers dessins et sertissant des pierres ou des verres en tables rouges et vertes. Les pilastres, plus étroits que les arcatures qu'ils supportent, sont tous garnis dans leur hauteur de trois compartiments superposés, un losange entre deux carrés. Une exception s'observe dans le pilastre central, masqué en partie par l'entrée de la serrure ; celui-ci est orné de cœurs superposés, ornementation assez fréquente dans la bijouterie des Barbares.

Dans la rangée supérieure, les six cintres sont composés de chevrons cloisonnés qui en suivent la courbure. Pour combler les parties triangulaires entre les cintres et au-dessus des pilastres se trouvent des fleurons composés de plusieurs bates rapportées, contenant des verres ou des pierres analogues à ceux du reste de l'ornementation. Les fleurons et les motifs des arcatures de la partie inférieure sont différents de ceux de la rangée supérieure. Les triangles, formant une décoration en saillie sur le sommet de la châsse, et qui se voient distinctivement sur la planche où ce monument est vu de face, sont aussi garnis de verres ou de pierres en tables polychromes. Ces ornements triangulaires ne sont pas au complet. Comme on le voit, l'emploi des cloisonnages joue un rôle considérable dans le recouvrement de la face du reliquaire.

Le dessous du coffret (pl. III) ne manque pas non plus d'intérêt. Sur le bois est appliquée une feuille d'argent, percée, à une époque indéterminée, de quatre trous par lesquels sortaient les pieds. Cette feuille d'argent porte une croix à branches égales obtenue au repoussé. Les deux bras sont surmontés d'une sorte de fleuron, au-dessous duquel pend une chaînette terminée du côté gauche par l'A et du côté droit par l'Ω. Selon certains auteurs, l'A et l'Ω auraient été pris par les orthodoxes comme symbole de ralliement dans les pays où régnait l'hérésie arienne[1]. Kraus fait observer que, sur deux cent quatre-

1. *Revue de l'art chrétien*, janvier 1883.

vingt-huit inscriptions chrétiennes d'Espagne recueillies par Hubner[1], quarante-trois seulement sont accompagnées de l'A et de l'Ω[2]. M. Le Blant refuse de voir, dans la présence de l'A et de l'Ω sur les marbres d'Espagne, un signe d'orthodoxie; il rappelle que les monnaies de Constance, l'un des fauteurs de l'arianisme, portent ce symbole[3].

J'ai pensé, Messieurs, que le reliquaire d'Astorga méritait, à plusieurs titres, de fixer votre attention. Vous excuserez mon ambition d'avoir voulu vous faire partager l'intérêt qu'il m'inspire, et ma hardiesse d'avoir conduit votre pensée dans d'aussi lointaines régions.

Vous trouverez du moins, dans cette communication, la preuve que le souvenir de votre pays et le désir de fournir un contingent à vos études ne m'ont pas quitté lorsque j'ai dû, l'an dernier, m'éloigner du territoire des Slaves pour visiter la dernière étape des Wisigoths.

1. Hubner, *Inscriptiones Hispaniae christianae.* Berlin, 1871.
2. Kraus, *Real Encycl.,* p. 61.
3. E. Le Blant, *Journal des Savants,* p. 360, juin 1873.

CHÀSSE DE LA CATHÉDRALE D'ASTORGA (ESPAGNE). — FACE.

CHÂSSE DE LA CATHÉDRALE D'ASTORGA (ESPAGNE). — DESSUS.

CHÂSSE DE LA CATHÉDRALE D'ASTORGA (ESPAGNE). — DESSOUS.

DU MÊME AUTEUR

L'art étrusque en Champagne. Extrait du *Bulletin monumental*. 1875.

Rapport sur les fouilles faites dans le cimetière franc d'Oyes. 1875.

Sépultures gauloises de Flavigny. Rapport à M. le Ministre de l'Instruction publique. 1875.

Chaines et ceintures gauloises.

Mémoire sur la nécropole franque d'Oyes. 1876.

Carreaux émaillés de la Champagne. 1876.

L'archéologie préhistorique. 1880.

Sépultures franques de Joches. Extrait de la *Revue archéologique*. 1881.

Baronnie de Baye. Documents historiques. 1883.

Notes pour servir à l'histoire de l'abbaye du Reclus. 1883.

Notes sur le château de Montmort. 1884.

Cimetière gaulois de Mareuil-le-Port. Rapport à M. le Ministre de l'Instruction publique. 1884.

Sujets décoratifs empruntés au règne animal dans l'industrie gauloise. 1884.

Note sur l'usage du torques chez les Gaulois. 1885.

Le torques était porté par les hommes chez les Gaulois. 1886.

Note sur des carreaux émaillés de la Champagne. 1886.

Sujets décoratifs empruntés au règne animal dans l'industrie gauloise. Deuxième mémoire. 1886.

Bijoux vandales des environs de Bône (Afrique). 1888.

Les bijoux gothiques de Kertch. Extrait de la *Revue archéologique*. 1888.

Les Franks Saliens et les Franks Ripuaires au Congrès de Charleroi. 1888.

Industrie longobarde. 1888.

Les bijoux franks et la fibule anglo-saxonne de Marilles (Brabant). 1889.

L'industrie anglo-saxonne. 1889.

Le tombeau de Wittislingen au Musée national bavarois (Munich). 1889.

Note sur quelques antiquités découvertes en Suède. 1890.

L'art des Barbares à la chute de l'empire romain. 1890.

La nécropole de Mouranka (Russie). 1890.

Le Congrès historique et archéologique de Liège. 1890.

La croix de Dmitri-Donskoï. 1890.

Cimetière de Bergères-les-Vertus (Marne). 1890.

Note sur des épées trouvées en Suède et en Norwège. 1890.

De l'influence de l'art des Goths en Occident. 1891.

Les bronzes émaillés de Mostchina (gouvernement de Kalouga, Russie). 1891.

Sépulture gauloise de Saint-Jean-sur-Tourbe (Marne). 1891.

Cimetière de Vert-la-Gravelle (Marne). 1891.

Rapport sur le Congrès historique et archéologique de Bruxelles. 1891.

La bijouterie des Goths en Russie. 1891.

L'art barbare en Hongrie. 1892.

Le trésor de Szilágy-Somlyo (Transylvanie). 1892.

Rapport sur une mission archéologique en Autriche-Hongrie, adressé à M. le Ministre de l'Instruction publique. 1892.

Le cimetière wisigothique d'Herpes (Charente). 1892.

Souvenir du Congrès international d'anthropologie et d'archéologie préhistoriques, XIᵉ session. Moscou 1892. 1893.

Rapport sur le Congrès international d'anthropologie et d'archéologie préhistoriques de Moscou. 1893.

Rapport sur les découvertes faites par M. Savenkov dans la Sibérie orientale. Communication faite à l'Académie des sciences. 1894.

PARIS

LIBRAIRIE NILSSON

338, RUE SAINT-HONORÉ, 338